착한 지방은 억울해

글 백은영 그림 이주희

스콜라

● 작가의 말 ●

날씬하고 건강해지고 싶다면 지방을 먹어라?

지방은 얄미워요. 특히 통통한 친구들일수록 지방이 정말 얄미울 거예요. 두툼한 뱃살이며 출렁거리는 팔뚝 살, 축 늘어진 볼살까지 모두 다 지방 탓이니까요. 지방은 왜 몸 밖으로 나가지 않고 먹는 족족 우리 몸에 남아 있는 걸까요? 만약 술술 빠져나간다면, 힘들게 굶을 필요도, 운동할 필요도 없고 언제나 날씬할 텐데 말이에요.

사실 말이 나와서 말이지, 지방 때문에 각종 성인병도 걸리잖아요? 옛날에는 어른들만 걸리던 고혈압이니 당뇨니 하는 것들이 이젠 어린이도 걸리는 병이 되어 버렸어요. 생각하면 생각할수록, 지방은 우리 몸에 독이란 생각만 들지요? 엉덩이에 달려 있던 꼬리처럼 지방도 퇴화해 버리면 얼마나 좋을까요?

이 책에 나오는 지우도 마찬가지 생각을 했답니다. 그래서 몸에서 지방을 술술 내보낼 수 있는 약을 상상력으로 발명하려 하지요. 하지만 이게 웬일이래요. 지방은 우리 몸이 잘 돌아가게끔 만들어 주는

윤활유 같은 역할을 한대요. 얄밉고 밉상 맞은 지방에 그런 면이 있었다니!

"그래. 좋은 점이 하나는 있겠지. 나쁜 점은 열 가지가 넘을 테고."

지우는 그리 생각하고는 더욱 열심히 지방에 대해 연구를 한답니다. 그런데 파고들면 들수록 아리송해져요. 그 얄미운 지방이 우리 몸을 따뜻하게 만들고 몸의 형태를 유지하고, 심지어 몸에 있는 독소까지 잡아 준다지 뭐예요! 그렇다면 얄미운 지방 따윈 없었던 걸까요? 그동안 지우가 지방에 대해 오해를 하고 있었던 걸까요?

'상상 발명 대회' 본선에 오른 지우는 바로 그 해답을 찾아내요. 그건 바로 지방에는 착한 놈이 있고, 나쁜 놈이 있다는 거였지요. 착한 지방은 우리 몸을 건강하게 만들고 동시에 우리 몸이 살찌지 않게 도와주기까지 한답니다!

오호, 착한 지방이 무엇인지 궁금하다고요? 자, 어서 빨리 다음 장을 펼쳐 보세요. 지우와 함께 착한 지방을 찾으러 떠나 보아요.

백은영

● 차례 ●

작가의 말 날씬하고 건강해지고 싶다면 지방을 먹어라? 4

말랐는데 비만이라고? 8
- 지방에도 주소가 있다?
- 내 몸속 지방, 정말 문제일까?

알쏭달쏭 지방 22
- 지방은 우리 몸에서 무슨 일을 할까?
- 내 몸에는 지방이 얼마나 쌓여 있을까?

상상 발명 대회 하루 전! 38
- 우리 몸에 꼭 필요한 영양소, 지방
- 영양소, 제대로 챙겨 먹자!

지방은 착하다? 52

- 핏속에 기름이 둥둥? 중성 지방과 콜레스테롤
- 좋은 콜레스테롤을 도와라!

좋은 지방? 나쁜 지방? 66

- 몸에 좋은 지방과 나쁜 지방, 정체를 밝혀라!

지방아, 고마워 78

- 우리 몸에 트랜스 지방이 쌓이면 어떻게 될까?
- 지방계의 사기꾼! 트랜스 지방을 피해 탈출하라

말랐는데 비만이라고?

지우가 그걸 본 건 아주 우연이었다. 수업 중에 선생님이 교재실에서 상자를 가져오라고 심부름을 시켰다. 수학 시간을 가장 싫어하는 지우로서는 신 나는 일이었다. 지우는 가능한 한 천천히 계단을 내려갔다. 거북이 저리 가라 할 정도로 느릿느릿 걸었다. 문도 일부러 느긋하게 열었다. 교재실로 막 들어서는데, 저만치 교장실로 들어서는 교장 선생님의 옆모습이 눈에 들어왔다. 교장 선생님은 지우가 있는 걸 전혀 눈치

채지 못한 것 같았다. 지우처럼 느긋한 동작으로 선생님은 교장실 문을 열었다. 옆구리에는 커다란 상자를 끼고.

처음에는 멀뚱멀뚱하게 바라보던 지우는 이내 상자에 적힌 글자를 보고는 숨이 가빠졌다. 그것은 지우가 꿈에도 그리던 최신형 비디오 게임기였다! 저 게임기를 가지고 싶어서 엄마와 아빠에게 얼마나 졸라 댔는지 모른다. 하지만 너무 비싸서 혼나기만 했다. 스스로 용돈을 모아서 사란 소리도 들었다. 계산해 보니, 한 푼도 안 쓰고 1년을 꼬박 모아도 모자랐다. 결국 포기한 게 며칠 전이다.

'대체 저걸 왜 사신 거지?'

쿵쿵, 뛰는 심장 소리를 들으며 지우는 고개를 갸웃거렸다. 그 뒤는 마치 꿈처럼 흘러갔다.

지우는 수업 시간에도 쉬는 시간에도 내내

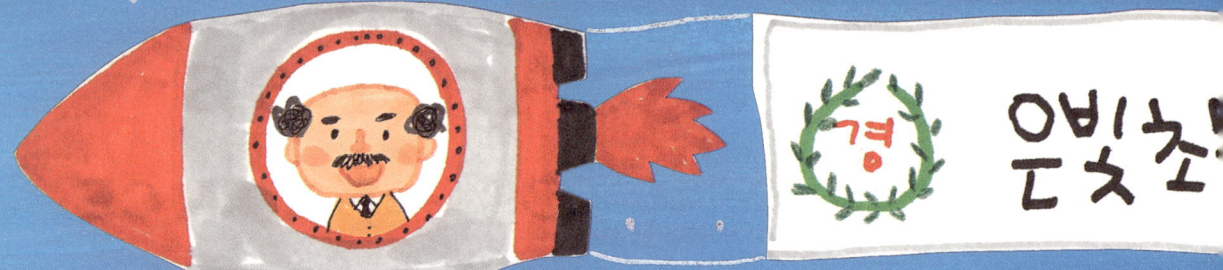

게임기 생각만 했다. 심지어 점심을 먹으면서도 그랬다.

'대체 왜 사신 걸까?'

정말 궁금했다.

'혹시 교장 선생님이 손자에게 주려고 사신 걸까? 하지만 그걸 학교에 들고 올 이유가 없는데? 어쩌면 체육 대회 때 1등에게 상으로 주려고 사신 건지도 몰라. 아니야. 체육 대회는 지난주였잖아!'

머릿속이 엉킨 실타래처럼 엉망진창이 되었다. 더는 못 견디고 "안 되겠어. 가서 물어보자." 하고 머릿속에서 비명이 터져 나오기 바로 직전, 불쑥 지우의 귀에 익숙한 목소리가 들려왔다.

"에헴, 사랑하고 사랑하는 은빛 초등학교 학생들에게 전할 말이 있어요."

교 상상 발명 대회 개최

그건 바로 교장 선생님의 목소리였다. 식당 한구석에 있는 작은 상자 위에 교장 선생님이 서 계셨다. 왁자지껄 떠들어 대며 밥을 먹던 아이들이 동작을 멈췄다. 교장 선생님은 흠흠, 헛기침을 하고는 말을 이었다.

"지금 이 식당 안에 있는 3학년부터 5학년 학생들을 대상으로 〈상상 발명 대회〉를 개최하고자 합니다."

'상상 발명 대회?'

지우의 눈이 동그래졌다. 모두의 눈이 동그래졌다. 교장 선생님은 재미있다는 얼굴로 바라보고 말했다.

"각 반의 담임 선생님들께서 다시 설명해 주시겠지만, 〈상상 발명 대회〉란 말 그대로 상상력으로 발명하는 거예요. 《80일간의 세계 일주》를 쓴 쥘 베른은 그 시절 로켓을 상상했답니다. 불을 뿜어서 그 힘으로 달까지 날아가는 걸 상상했지요.

그리고 100년 후, 그 상상은 현실이 되었답니다. 르네상스 시대의 화가 레오나르도 다빈치는 비행기를 그렸어요. 날개를 퍼덕여서 날 수 있는 비행선을 직접 그려서 만들기도 했지요. 그때는 실패했지만 400년 뒤, 사람들은 레오나르도 다빈치가 그렸던 바로 그 비행선을 만드는 데 성공했지요. 바로 이것이 상상 발명입니다. 그냥 막연하게 떠오른 아이디어를 진짜로 만들 방법을 찾으세요. 가장 말이 된다 싶은 발명품에 상을 줄 겁니다."

"어떤 상인데요?"

누군가가 크게 소리 내어 물었다. 그러자 교장 선생님은 눈을 찡긋거렸다.

"그건 비밀이에요. 모두들 가지고 싶어하는 물건이라는 것만 알아 두면 좋을 것 같군요."

그 말에 식당 전체가 소란스러워졌다. 다들 그게 뭘까 하고 서로 묻기 바빴다. 그 가운데 지우는 입을 꾹 다물고 교장 선생님을 바라보았다. 가슴이 콩콩거려 말이 제대로 나오지 않았다.

'근사한 상상 발명만 하면, 그 게임기를 가질 수 있다고? 반드시 1등을 할 거야! 꼭 하고 말 거야.'

지우는 주먹을 꽉 쥐며 다짐하고 또 다짐했다.

그날부터 지우는 바빴다. 아니, 지우의 머릿속이 무척 바빴다. 너무 바쁜 나머지 밤새도록 뜬 눈으로 있기 일쑤였다. 하지만 그렇게 애를 써도 아무런 생각도 나지 않았다. 발명품을 내야 하는 날이 코앞으로 다가왔다.

"아, 진짜 모르겠다."

어느 날 저녁, 지우는 그렇게 외치며 쓰다만 종이를 구겨 방

바닥에 던져 버렸다. 방바닥에는 종이가 수북했다. 모두 '이거다!' 하고 떠올랐다가 '싫증 나!' 하고 던져 버린 발명품들이다. 상상력으로 발명하는 게 이렇게 어려울 줄이야! 머리를 쥐어뜯으며 지우는 책상에 엎드렸다. 그러고 있는데 거실이 갑자기 시끌시끌해졌다. 뭔가 싶어 귀를 기울여 보니 엄마와 누나였다.

"우아, 엄마 28%야! 심하다."

"세상에! 우리 지민이는 21%밖에 안 되네!"

'28%? 21%?'

지우는 알쏭달쏭한 말에 고개를 갸웃거렸다. 그냥 발명이나 계속하려 했지만 아무래도 좀이 쑤셨다. 그러다 누나가 "거 봐! 난 안 뚱뚱하다니까!" 하고 외치는 순간, 벌떡 일어났다. 너무 궁금해서 더 있을 수가 없었다.

"뭐가 21%야?"

거실로 나가며 지우가 외쳤다. 그러고 보니, 누나가 네모난 널빤지 위에 올라서 있었다. 가까이 가서 보니 딱 체중계처럼 생겼다. 그런데 조금 달랐다. 체중 대신 방금 외친 21%란 숫자가 떡하니 떠 있었다. 입을 헤벌리고 구경을 하는 지우에게 누나가 말했다.

"잘 나왔다. 남지우. 너도 재 봐."

"이게 뭔데?"

"체지방 체중계. 몸에 지방이 얼마나 있는지 재는 거야."

좀 신기하다 싶어 지우는 체중계에 올라섰다. 누나가 버튼을 꾹꾹 눌렀다.

"만 열 살이고, 지우 너 키가 144cm 맞지?"

지우는 고개를 끄덕였다. 잠시 뒤 21%란 숫자는 사라지고 다른 숫자가 떠올랐다.

"23%!"

지우를 대신해 엄마가 숫자를 소리 내어 읽었다. 그러더니 혀를 끌끌 찼다.

"체지방을 재 봐야 안다더니……. 맙소사! 우리 지우는 마른 비만이네."

"내가 비만이라고?"

깜짝 놀라 지우가 물었다.

"그래. 그러니까 이건 체중 중 지방이 차지하는 비율을 나타내는 거란다. 그 비율을 보면, 비만인지 아닌지 알 수 있지."

엄마가 말했다.

믿을 수 없다는 얼굴로 지우는 자신의 몸을 바라봤다. 아무리 봐도 지방이란 게 붙을 데가 없어 보였다. 하지만 더더욱 믿을 수 없는 건, 누나가 정상이라는 거였다! 볼살이 토실토실

체지방률(%) = (체지방 무게(kg) ÷ 체중(kg)) ×100

체지방률		판정
남성	여성	
5.0~9.9%	5.0~19.9%	낮음
10.0~19.9%	20.0~29.9%	표준
20.0~24.9%	30.0~34.9%	약간 높음
25.0%	35%	높음

해서 다이어트에 관심 많은 누나가 정상이라고? 그것도 낮음에 가까운 21%라고?

"말도 안 돼! 이거 망가진 게 맞아."

그러자 누나가 씩 웃었다.

"평소에 나더러 뚱뚱하다고 놀리더니 깜짝 놀랐지?"

"하지만 학교에서는 나한테 정상이라고 했단 말이야!"

"아하, 그거야 체질량 지수로 계산했으니 그렇겠지."

지우는 볼을 긁적거렸다. 대체 무슨 소릴 하는 건지 모르겠단 지우의 얼굴을 보며 누나는 설명했다.

체질량 지수(BMI)= 체중(kg)÷(자신의 키(m)×자신의 키(m))

체질량 지수(BMI)란, 가장 널리 쓰이는 비만 측정법이야. 대부분의 경우는 들어맞아. 지우 너 같은 마른 비만의 경우는 빼고. 그때도 선생님이 그러셨거든. 이건 그냥 단순한 계산법이라 체지방 측정기를 이용해서 재 봐야 한다고.

지우는 입을 오물거리며 누나가 말한 대로 계산해 보았다.

"응, 이걸로 계산해 보면 난 15.8이니 마른 편이네. 누나는 23이 나오는 약간 비만이고."

"그렇지? 그래서 이 체중계를 샀다는 말씀! 다짜고짜 비만 위험이라니 어찌나 억울하던지."

누나가 말했다. 그 순간 지우의 머릿속에 펑! 하고 아주 근사한 아이디어가 떠올랐다.

'그래, 그걸 발명하자!'

그렇게 생각하고, 지우는 주먹을 불끈 쥐었다.

"지방, 이 녀석. 어디 두고 보자!"

지방에도 주소가 있다?

내 몸속 지방, 정말 문제일까?

몸에는 지방 말고 근육도 있고 뼈도 있고 혈관도 있잖아. 그런데 왜 유독 지방이 문제야?

우리가 많이 먹는다고 뼈나 혈관이 늘어나지는 않아. 근육도 어느 정도가 되면 더 이상 늘어나지 않는대. 하지만 지방은 계속해서 늘어날 수 있대. 세포 크기가 불쑥불쑥 자라는 거지. 게다가 한번 늘어난 지방 세포는 여간해서는 줄어들지 않는다니 문제지. 지나치게 많은 지방은 몸에서 안 좋은 역할을 하게 되거든.

비만 어린이의 문제점

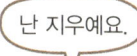
난 지우예요.

비만 어린이

어른이 되어서도 비만이 될 확률(50%)
자라서도 뚱뚱해지기 쉬워요.

고지혈증(61%)
핏속에 지방이 둥둥 떠다니는 고지혈증에 걸릴 수 있어요.

지방간(38%)
간에 지방량이 많아지는 지방간이 될 수 있어요.

고혈압(7%)
혈관에 지방이 쌓이면 혈압이 높아질 수 있어요.

당뇨병(0.3%)
피하 지방이 많으면 인슐린이 만들어지지 않아 당뇨병에 걸릴 수 있어요.

알쏭달쏭 지방

먹기만 하면 지방을 줄줄 녹여 주는 약

이렇게 써 놓고, 지우는 샤프 끝을 질겅질겅 씹었다. 정말이지 이런 약이 있으면 얼마나 좋을까 싶었다. 누나 말을 듣고 난 후, 지우는 발명을 위해 인터넷을 뒤적여 보았다. 그리고 보고 말았다. 뱃속에 있는 위와 장에 더덕더덕 지방 덩어리가 붙어 있는 그림을. 그건 아주 끔찍했다. 당분간 삼겹살은 입도 못 댈 것 같았다.

'이건 꼭 필요한 거니까 조만간 개발될지도 몰라. 아, 잠깐! 혹시 벌써 개발된 거 아냐?'

깜짝 놀란 얼굴로 지우는 황급히 컴퓨터 앞으로 달려갔다. 떠오르는 대로 '지방 녹이는'이라는 검색어를 입력하자, 주르륵 사진과 정보들이 떴다.

"우아, 너무 많아!"

그렇게 외치고, 지우는 입에 바람을 물었다. 혹시 벌써 지방 녹이는 약도 개발된 게 아닐까 싶었다. 하지만 살펴보니, 다행히도 아직 그런 건 없는 모양이었다. 비싸고, 힘들고, 아프다는 말들이 종종 눈에 띄는 걸 보면 말이다. 지우는 바람을 푸 내뿜고 정보들을 하나씩 읽어 보았다.

지방 녹이는 주사는, 잠깐은 효과가 있으나 요요 현상이 오게 되어 있다. 지방 흡입술 또한 효과가 있으나 굉장히 위험하고, 시술받은 많은 사람이 요요 현상을 경험한다. 식욕을 억제하는 약, 각종 부작용과 지나친 요요 현상으로 판매 중지!

"어? 대체 요요 현상이 뭐지?"

머리를 긁적이며 지우는 중얼거렸다. 그러고 있는데 불쑥 누나가 어깨너머로 고개를 내밀었다.

"역시 남자애란! 요요 현상도 모르냐?"

누나를 와락 밀치며 지우가 외쳤다. 누나는 "왜 짜증이야." 하고 중얼거리더니 눈을 동그랗게 떴다.

"너 얼굴이 왜 그래?"

"내가 뭘?"

"삼시 세끼 꼬박 굶은 사람처럼 보이는데?"

"요요 현상이 뭔지나 빨리 말해 줘!"

"알았다, 알았어. 그러니까 요요 현상이란, 너 잘 가지고 노는 요요에서 가져다 붙인 거야. 그거 앞으로 휙 보내면 저절로 뒤로 휙 날아오잖아. 그런 것처럼 살을 빼면 다시 살이 찌는 거야. 그것도 원래보다 더

많이 찐대."

"대체 왜?"

"굶고 나면 배고프잖아. 그래서 마구 먹어 대니 다시 찌는 거 아닐까?"

"어쩐지 억울하네."

"뭐가?"

"왜 필요도 없는 지방이란 게 우리 몸에 있는 거야? 그냥 사라져 버리면 그런 거 고민 안 할 텐데."

"글쎄. 그러고 보니 좀 이상하다. 우리 몸에 필요 없는 것들은 다 퇴화한다고 하던데. 사랑니도 그렇고 꼬리뼈도 그렇고 맹장도 그렇잖아. 그런데 왜 지방은 퇴화하지 않는 걸까? 사실 뱃살 따위는 만병의 근원이라잖아."

"아빠는 뭔가 아시지 않을까?"

"아빠?"

"뱃살 때문에 다리가 안 보인다고 걱정하시니까, 혹시 지방에 대해

잘 아시지 않을까?"

"아실지도 모르겠다. 가자, 물어보러."

신 난 얼굴로 누나가 소리쳤다. 지우는 고개를 끄덕이며 방을 나섰다.

아빠는 토요일 오전이라 아직도 쿨쿨 자고 있었다. 그러고 있는데 누나와 지우가 불쑥 뛰어들자, 아빠는 소스라치게 놀라며 깼다.

"몇 시지? 왜 벌써 날이 환한 거냐?"

잠결에 아무래도 출근 시간이라 깨우러 온 모양이다 싶었나 보다. 누나와 지우는 서로 마주 보며 킥킥 웃었다. 그제야 아빠는 오늘이 토요일이란 걸 떠올리고는 얼굴을 찌푸렸다. 지우는 아빠가 뭐라 하기 전에 얼른 말을 꺼냈다.

"아빠! 학교 숙제 때문에 그러는데요. 지방은 왜 퇴화하지 않을까요?"

누나가 아빠 뱃살을 쿡 찌르며 덧붙였다.

"만약 퇴화하면 아빠도 뱃살 때문에 고민하지 않아도 될 텐데 말이에요."

아빠는 아침부터 무슨 뜬금없는 질문인가 하는 눈빛이더니, 이내 대답했다.

"뱃살, 지방? 아, 왜 이런 쓸모없는 게 몸에 있느냐고 묻는 거구나."

아빠는 자신의 뱃살을 손으로 꾹 잡아보며 중얼거렸다. 그러더니 피식 웃었다. 지우를 바라보며 아빠는 말을 이었다.

"며칠 전 회사에서 말이다. 아빠와 아빠 부하 직원이 복도에서 넘어졌단다. 점심 먹고 오는 길이었는데, 바닥에 물이 흥건한 걸 모르고 미끄러지면서 그대로 앞으로 쿵 하고 넘어진 거지! 아빠 부하 직원은 갈비뼈에 금이 갔단다. 그런데 아빠는 조금 아프긴 했지만, 멀쩡했어."

"설마 그게 뱃살 때문이라는 거예요?"

"맞다. 그래서였어. 이 뱃살은 줄여야 하겠지만, 그냥 마냥 못난 녀석으로 취급해서는 안 된다는 거지. 두툼한 뱃살 덕분에 별로 아프지도 않았거든. 그러니까 몸도 지방 없애는 걸 망

설이는 게 아닐까?"

지방을 두둔하며 다시 자겠다는 아빠를 두고 지우와 누나는 방을 나섰다. 방문 앞에 서서 둘은 서로 마주 봤다.

"하긴 살이 없으면 넘어졌을 때 많이 아플 거야. 뼈밖에 없다면 부러지기도 쉽겠지."

누나가 말했다.

"그건 답이 안 돼! 그냥 뼈만 있는 게 아니잖아. 근육이 하는 역할도 있을 거 아냐?"

지우가 소리쳤다.

"좋아. 그럼 우리 외삼촌한테 가서 물어볼까?"

"뜬금없이 외삼촌은 왜?"

"외삼촌은 근육투성이잖아. 그러니까 지방과 근육에 대해 좀 알지도 몰라. 가는 길에 김치도 좀 가져다주고 말이야. 지난번에 엄마가 심부름시켰는데 바빠서 못 갔거든."

씩 웃으며 누나가 말했다. 지우는 조금 귀찮았지만, 누나가 들겠거니 생각하고는 뒤를 쫓았다.

가을이 코앞으로 다가왔지만, 거리는 여전히 뙤약볕이었다. 햇볕이 어찌나 따가운지 지우는 현기증이 나 비틀거렸다. 하지만 누나는 아주 씩씩했다. 그 무거운 김치 통을 들고도 가볍게 걸어가다니! 지우는 이것도 지방 때문인 것 같아 억울한 기분이 들었다.

낑낑거리며 20분을 걸었다. 그제야 외삼촌이 사는 원룸 빌라가 보였다. 외삼촌은 대학생 처지에 이 정도면 궁전이라고 했지만, 외삼촌의 집은 1층도 아니고 4층인 데다 계단도 한없이 가팔랐다. 계단 앞에 서서 누나가 김치 통을 내밀었다.

"같이 들자."

지우는 쓰러져 버릴 것만 같았다. 대체 왜 엘리베이터를 안 만드는 거냐고! 지우가 속으로 소리 없는 절규를 터트리고 있는데, 커다랗고 울룩불룩한 그림자가 드리워졌다.

"살았다!"

인사 대신 지우가 소리쳤다. 운동을 다녀오는 모양인지 외

삼촌 이마에는 땀이 흥건했다. 하지만 아주 기운찼다. 누나가 들고 있는 김치 통을 낚아채면서 외삼촌이 말했다.

"너희 엄마가 너희 온다고 전화해서 부랴부랴 달려왔어. 둘 다 고생했다."

그러면서 외삼촌은 마치 가벼운 휴지 한 장 든 것처럼 사뿐사뿐 계단을 올랐다. 누나도 군말 없이 뒤를 따랐다. 지우는 조금 기가 찼다.

'치, 나도 뱃살만 아니었으면 날아올라 갔을 거라고!'

"그리고 보니 지우 너 마른 비만이라며? 엄마가 걱정이 태산이더라."

시원한 보리차를 한 잔씩 내주며 외삼촌이 말했다. 단숨에 보리차를 들이켜던 지우는 사레가 걸려 쿨럭거렸다. 누나가 깔깔 소리 높여 웃더니 말했다.

"그래서 지우 다이어트 한대요!"

누나의 놀리는 목소리에 지우는 눈을 부릅떴다. 요 며칠 좋아하는 과자도 안 먹고 아이스크림도 안 먹고 밥도 반만 먹고 정말로 다이어트를 하고 있었다. 그러면서 누나에게 들키지 않으려고 얼마나 용을 썼는지 모른다. 다이어트에 성공해서 보란 듯이 누나와 체지방을 재 볼 생각이었다. 그래서 이겨 보이려고 했다. 살 빼는 거 아주 쉬워! 이렇게 말하려고 했는데!

"다이어트? 설마 쫄쫄 굶는 건 아니지?"

외삼촌이 물었다. 지우는 입을 삐죽이며 못 들은 척했다. 외삼촌이 껄껄 웃음을 터트렸다.

"아서라. 아서. 그렇게 하면 살만 더 쪄. 더구나 마른 비만은 더 심해지지."

"말도 안 돼! 인터넷으로 찾아봤더니 다들 먹는 양부터 줄이라고 하던데요?"

지우가 새된 목소리로 외쳤다. 외삼촌은 손을 들어 지우의 어깨 위에 턱 올렸다. 하도 무거워 지우가 움찔하자, 외삼촌이 조용히 말했다.

"잘 들어. 마른 비만은 말이지. 그냥 비만과는 조금 달라. 정확히 말하면 근육이 부족한 상태인 거야. 근육이 없는 부위를 지방이 대신 채우고 있는 거란 말이지."

"근육 부족?"

"그래. 그러니 애꿎은 지방 탓을 하면 안 돼."

"외삼촌! 왜 지방은 퇴화하지 않을까요? 몸에 필요도 없는

건데."

불쑥 누나가 끼어들며 물었다.

"그래. 내가 다니는 체육관에서도 그런 말을 하는 사람들이 있지. 하지만 그거 아니? 만약 우리 피부 아래가 근육뿐이라면 참 보기 싫을 거야. 근육은 쭈글쭈글하거든. 온몸이 번데기처럼 쭈글쭈글할 거라고."

외삼촌이 말했다. 지우의 얼굴은 하얗게 변했다. 외삼촌이 의아한 듯 지우를 바라봤다. 지우는 쥐어짜는 목소리로 삼촌에게 물었다.

"저기 그럼, 지방을 무조건 녹여 버리면 안 되는 거예요?"

지방은 우리 몸에서 무슨 일을 할까?

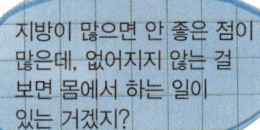
지방이 많으면 안 좋은 점이 많은데, 없어지지 않는 걸 보면 몸에서 하는 일이 있는 거겠지?

지방이 하는 일이 뭔지 알아볼까?

얼굴 - 피부를 매끄럽게 보이게 해 줘.

배 - 위와 간 같은 장기를 보호해.

허벅지 - 에너지를 저장하지.

뇌 - 신경세포 사이의 자극을 전달해서, 기억하게 하는 역할을 해.

척추 - 성장 호르몬을 자극해서, 키가 크게 하고 몸이 성장하게 도와줘.

엉덩이 - 엉덩뼈를 보호하지.

이제 알았지? 지방이 우리 몸에 필요하다는 건 인정해야 해!

내 몸에는 지방이 얼마나 쌓여 있을까?

빵보다 밥이 좋다.	→NO	잠자기 전까지 텔레비전을 보거나 컴퓨터를 한다.	→YES	집에 가면 항상 간식이 있다.
↓YES		↓NO	↙NO	↓YES
밥이나 간식을 빨리 먹는 편이다.	→YES	하루 동안 한 시간도 안 되게 움직인다.	→YES	부모님 두 분 다 뚱뚱한 편이다.
↓NO		↓NO	↙NO	↓YES
과일이나 채소를 좋아한다.	→NO	잠자는 시간이 일정하다.	→NO	평소에는 잘 안 먹다가 맛있는 게 있으면 폭식을 한다.
↓YES		↓YES	↙NO	↓YES
게임을 할 때 마시는 탄산 음료를 무척 좋아한다.		시간이 나면 운동을 즐긴다.	→NO	집에서 피자나 치킨을 자주시켜 먹는다.
↓NO	↙YES	↓YES	↙NO	↓YES
아침을 잘 챙겨 먹는다.	→NO	밥을 먹을 때 항상 텔레비전이 켜져 있다.	←NO	튀긴 요리를 좋아한다.
↓YES	↙NO	↓YES		↓YES

10% 딱 적당량의 지방이 있겠군요!
이러한 생활 습관을 쭉 유지하세요.

30% 지방이 필요량보다 조금 많아요!
빵보다 밥을 드세요. 간식도 밀가루는 피하는 게 좋아요.

70% 몸에 보이지 않는 지방이 꽤 많아요! 체질에 따라 몸이 두루뭉술해 보이기도 해요.
잠자기 세 시간 전에는 게임을 하거나 텔레비전을 보지 마세요. 즉석식품도 멀리 하세요.

99.9% 마른 비만이거나 뚱뚱한 비만이거나 둘 중 하나일 거예요!
아침을 꼭 챙겨 먹고 잠자기 세 시간 전에는 물만 마시도록 해요. 하루에 일곱 시간 이상씩 자는 게 좋아요.

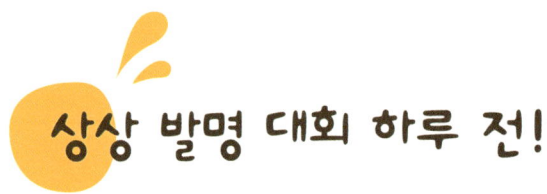

상상 발명 대회 하루 전!

"아! 당장 내일인데 이를 어쩌지?"

허공을 향해 두 팔을 벌리며 지우는 소리쳤다. 하지만 그런다고 하늘에서 뿅 하고 근사한 답을 줄 리 없었다. 천정을 노려보던 지우는 한숨을 내쉬며 책상에 머리를 콩 박았다. 펼쳐진 공책에는 어제와 마찬가지로, '지방을 줄줄 녹여 주는 약'이라고 적혀 있었다. 하지만 그 아래에는 커다란 물음표가 있고, '그래도 난 지방이 밉다!'라고 쓰여 있었다. 그것도 몇 번이나 반복해서.

"남지우. 너 아직도 그러고 있는 거야? 그럴 시간 있으면 차라리 팔 굽혀 펴기를 해. 근육 늘리는 데 좋대."

문가에서 누나 목소리가 들려왔다.

"나 바쁘거든. 말했지. 〈상상 발명 대회〉가 있다고."

지우는 꼼짝도 안 하고 입만 놀려 말했다.

"내가 엄청나게 좋은 정보 하나 알려 줄까?"

"뭔데?"

"신문에 나왔는데 우리 혀에 지방을 느끼는 어뢰라는 게 있대. 사람에 따라 여덟 배까지 차이가 난다더라."

"그래서 뭐?"

"생각해 봐! 그 어뢰를 민감하게 만드는 거야. 그렇게만 되면, 지방을 아주 조금만 먹어도 맛도 느끼고 맛있다는 생각도 하게 되니 얼마나 좋아."

"하지만 그 약이 내 뱃속 지방은 못 없애잖아. 어휴, 정말로 지방을 대신할 만한 게 없는 걸까?"

"글쎄. 모르겠네. 학교에서 배울 땐 지방을 우리 몸에 꼭 필요한 3대 영양소라고 했으니, 없애면 안 되는 게 아닐까?"

"3대 영양소?"

"영양소란 우리 몸을 유지하는 데 필요한 물질이야. 만날 먹어 줘야만 우리 몸이 쌩쌩하게 돌아가는 거지. 그런 영양소에는 네가 없애고 싶어 하는 지방, 그리고 단백질, 탄수화물이 있어. 이걸 3대 영양소라고 하지. 그 밖에 비타민, 미네랄, 섬유소, 물 등도 다 필수 영양소래. 이중 하나라도 부족하면 몸에 안 좋대."

"탄수화물, 단백질이라고? 어디선가 읽은 것 같은데……."

"다이어트 기사겠지. 너 요즘 만날 앉아서 인터넷 검색하고 있잖아."

"아, 맞다! 탄수화물이고 단백질이고 과하게 먹으면 지방으로 변한다고 했어."

"그래, 그거야. 그러니 지방이 좀 불쌍하지 않니? 단백질도 탄수화물도 죄다 필요 없는 건 지방에 떠넘기잖아."

"하지만 한번 지방으로 변하면, 다시 단백질이나 탄수화물로 돌아가진 않는다고 그러던데? 그건 좀 약아 보이지 않아?"

"몰라, 나도. 하지만 이건 확실해."

단호하게 말하는 누나를 보며 지우는 눈을 깜빡였다. 씩 웃으며 누나는 말을 이었다.

"근사한 몸매는 적정량의 근육과 적정량의 지방으로 이뤄진대. 난 둘 다 적당하니까 끝내주는 몸매 미인이 될 거라고."

지우는 어이가 없어 입을 떡 벌렸다. 누나는 한쪽 눈을 찡긋거리고는 방을 나갔다. 지우는 어처구니없는 표정을 하고는 혀를 날름거렸다. 그리고 눈앞에 놓인 공책을 노려봤다. 이쯤에서 양보하는 수밖에 없었다. 영 마음에 차진 않지만, 그래도 게임기를 놓칠 순 없으니!

'어디 보자. 그냥 약이라고 하면 입맛이 뚝 떨어질 테니, 이걸 다들 좋아하는 음식에 넣으면 맛도 보고 살도 빼게 되겠지? 고열량, 고지방으로 유명한 음식이 뭐더라?'

속으로 이렇게 중얼거리던 지우의 머릿속에 반짝하고 불이 들어왔다. 역시 그 음식이 최고였다. 지우가 좋아하고, 모두가 좋아하지만 엄마와 아빠는 매우 싫어해서 먹지 못하게 하는 음식! 지우는 상상 발명품을 크게 적었다.

"지방 퇴치 햄버거!"

히히히, 지우는 혼자 웃어 댔다. 보면 볼수록 마음에 드는 발명이었다. 설명도 아주 멋들어지게 적어 넣었다. 글도 잘 써졌다.

다음 날, 지우는 〈상상 발명 대회〉 응모함에 '상상 발명 계획서'를 집어넣었다. 하지만 막상 넣고 나니 기분이 축 가라앉았다. 그도 그럴 것이 응모함에는 이미 계획서들이 가득했다. 그런데 그것도 모자라 지우 뒤로 계획서를 손에 든 아이들이 줄을 이었다. 다들 뭘 발명했을까? 무척 궁금했지만 물어보기엔 겁이 났다. 대단한 것을 상상해 낸 아이가 있다면, 발표가 나기도 전에 속상해서 밥맛도 없을 게 뻔했다. 차라리 모르고 기다리는 게 낫지 싶었다. 그렇게 생각한 지우는 교실과 복도에서 〈상상 발명 대회〉 이야기만 들리면 귀를 틀어막았다.

그리고 며칠 뒤, 점심시간이었다. 친구와 신 나게 수다를 떨고 있던 지우는 스피커를 통해서 흘러나오는 목소리를 들었다. 목소리는 3학년부터 5학년까지의 아이들 열 명을 차례대

로 호출했다. 그중에는 지우도 있었다. 모두 교장실로 오길 바란다는 말에 교실이 조용해졌다.

"지우가 됐나 봐!"

누군가가 수군거렸다.

"하지만 열 명이나 불렀잖아!"

또 누군가가 말했다.

지우는 심장이 벌렁벌렁 뛰었다. 머릿속에 게임기 생각만 가득했다.

"어쩌면 1등부터 10등까지 뽑았는지도 몰라. 그러니까 가 보면 몇 등인지 말해 주는 거 아닐까?"

지우와 함께 있던 친구가 속삭였다. 지우는 고개를 끄덕였다. 그리고는 부리나케 교장실로 달려갔다.

헐떡이며 교장실 앞에 서고 보니 문이 열려 있었다. 그리고 안에는 앞서 도착한 아이들로 가득했다. 조심스레 들어서니 교장 선생님이 지우를 보며 빙그레 웃었다. 지우는 꾸벅 고개를 숙이며 말했다.

"4학년 3반 남지우입니다."

"어, 그래. 잘 왔네. 지우 군. 저쪽에 가서 서 있을까? 아직 다들 안 와서 말이야."

교장 선생님 대신 옆에 서 있던 교감 선생님이 말했다. 지우는 얼른 교감 선생님이 손짓한 대로 벽에 가서 섰다.

'윽, 난 역시 이런 데는 약해.'

남 앞에 나서는 걸 어려워하는 지우는 잔뜩 긴장했다.

"별거 아니라고 생각했는데 생각보다 꽤 진지하네."

지우 오른쪽에 와서 서며 한 남자애가 중얼거렸다. 흠칫 놀라 바라보니, 얼굴이 낯익었다. 분명 4반인가 5반인가 그랬다. 체육대회 때 축구를 하면서 공을 뺏느라 맞부딪쳤던 기억이 났다.

"어, 남지우? 너도 뽑혔어?"

지우를 보고 씩 웃으며 남자애가 말했다. 지우는 머릿속을 헤집어 그때 본 이름표를 떠올리려고 애를 썼다. 가물가물했다. 하지만 어느 순간 '이준서'라는 이름이 떠올랐다. 이름을 불러 줘야 하나 망설이고 있는데, 준서가 물었다.

"넌 뭘 발명했어?"

"나? 어, 난 그냥 햄버거를."

"정말? 난 로봇인데."

"무슨 로봇?"

"지난번 체육대회 하면서 떠올린 건데……. 아, 시작한다."

말을 하다 말고, 준서가 중얼거렸다. 깜짝 놀란 지우가 앞을 보니, 열 명이 모두 모였나 보다. 교장 선생님이 자리에서 일어서서 앞으로 나왔다. 그리고는 헛기침과 함께 말했다.

"이렇게 여러분들을 모이게 한 건 다름이 아니라, 발명 대회 때문입니다. 오면서 예상했다시피 여기 있는 사람들은 그러니까 대회 본선에 출전한 겁니다. 아, 물론 본선이니 이런 이야기는 안 했지요. 사실 우린 한 사람을 뽑고 싶었어요. 하지만 안타깝게도 눈에 띄는 한 명이 없었답니다. 그런대로 멋지다 싶은 열 명만이 있었지요. 그래서 선생님은 왜 그럴까 생각해 봤어요. 어째서 좀 더 멋진 발명이 나오질 않은 걸까 하고 말이에요."

그렇게 말하면서 교장 선생님은 열 명의 아이들을 하나씩 찬찬히 바라봤다. 마치 답을 원하는 것처럼. 한 사람씩 눈을 맞추던 교장 선생님의 눈빛이 지우에게 멈췄다. 지우는 심장이 멎는 줄 알았다. 하지만 교장 선생님의 눈빛에 그냥 서 있을 수만은 없었다.

"시간이 부족했어요."

쥐구멍에 기어들어 가는 소리로 지우가 말했다. 그러자 교장 선생님이 힘차게 고개를 주억거렸다.

"선생님도 그렇게 생각했어요. 모두 참 좋은 주제를 잡았어요. 하지만 깊이가 부족하더군요. 그래서 결선을 치르기로 했지요. 물론 본선에 오른 여기 열 명에게도 선물은 주어질 거예요. 그러나 선생님이 준비한 선물은 최후의 한 명에게 줄 거랍니다. 그러니 돌아가서 자신이 정한 주제로 새로운 발명거리를 만들어 오세요. 이상입니다."

순간 지우는 하마터면 이렇게 외칠 뻔했다.

'말도 안 돼요! 밉살맞은 지방을 없애는 거 말고 다른 뭐가 있다고요?'

하지만 지우는 생각을 꿀꺽 삼켜야 했다. 다들 알았다는 듯 고개를 끄덕거렸다. 그러더니 줄줄 교장실을 나섰다. 아무런 문제없다는 듯이. 마지못해 따라나서던 지우의 귀에 문득 교장 선생님의 목소리가 들려왔다.

"남지우 군. 햄버거 아주 좋았어요. 다음을 기대할게요."

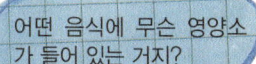

영양소, 제대로 챙겨 먹자!

어떤 음식에 무슨 영양소가 들어 있는 거지?

우리 사다리 타기 게임으로 알아볼까?

탄수화물
쌀, 밀, 옥수수, 국수, 빵, 떡, 설탕

몸을 움직이도록 에너지를 공급해. 특히 뇌와 피 그리고 신경세포는 탄수화물에서 나오는 포도당만을 에너지로 써.

섬유질
양상추, 브로콜리, 당근, 고구마

화장실을 잘 가게 해 주지. 장 운동을 도와주고, 장에 붙은 찌꺼기들을 청소해 줘.

지방
견과류, 도넛, 버터, 올리브유

에너지를 저장하는 일을 하지. 체온을 유지하고 지용성 비타민을 녹여 운반하고 세포막, 호르몬을 만들어.

비타민
녹황색 채소, 오렌지, 사과, 딸기 등의 과일들

우리 몸의 윤활유야. 단백질, 지방, 탄수화물이 몸에서 잘 쓰이도록 도와줘.

미네랄
바나나, 콩, 우유, 붉은 육류, 해조류

뼈나 치아의 구성 성분이야. 또한 몸속 균형을 맞추는 일을 해. 수분도 적절히, 산성도도 적절히 유지하게 해 주지.

단백질
소고기, 돼지고기, 닭고기, 두부, 생선, 달걀

우리 몸의 뼈와 근육, 내장, 혈액, 머리카락을 만들어. 지방과 산소를 운반하는 일도 하지.

# 지방은 착하다?

'어쩌면 내가 1등 후보인지도 몰라.'

멍한 얼굴로 쟁반에 담긴 땅콩을 집어 들며 지우는 속으로 중얼거렸다. 그리고는 입에 땅콩을 톡 털어 넣었는데 반은 들어가고 반은 바닥으로 굴렀다. 그러자 앞에 앉아서 함께 땅콩을 먹던 누나가 얼굴을 찌푸렸다.

"야! 남지우. 정신 좀 차려. 대체 무슨 생각을 하기에 계속 이러는 거야?"

지우는 입을 삐죽이면서 바닥에 떨어진 땅콩을 집어 들었다. 그러다 멈칫했다. 할머니 옷차림이 좀 달라졌다. 아니, 많이 달라졌다.

'어, 이상하네. 오늘따라 달라붙는 옷을 입으셨네?'

누나는 이제 알았느냐는 눈짓을 하며 할머니를 바라봤다. 그 눈길이 따가웠는지 할머니가 호호, 예쁘게 소리 내어 웃으셨다.

"어머나. 너희 왜 그러니?"

지우는 고개를 갸웃거렸다. 그렇지 않아도 지우네 할머니는 여느 할머니들과 조금 달랐다.

그러니까 지우가 흔히 보는 이웃집 할머니들과는 달랐다. 뽀글뽀글 파마머리도 아니고 헐렁한 바지도 안 입는다. 머리는 우아하게 틀어 올렸고, 무늬 없는 원피스에, 언제나 곱게 화장을 했다. 그리고 입버릇처럼 이렇게 말씀한다.

"나이가 들어도 여자는 여자란다."

지우로선 이 말이 알쏭달쏭하기만 했다. 할머니가 여자가 아니면 대체 뭐지? 어쨌거나 그렇게 알쏭달쏭한 할머니지만, 그래도 지우는 할머니를 좋아한다. 오실 때마다 지우가 좋아하는 것만 골라서 가지고 오시니까. 바로 지금처럼.

"아니에요."

어깨를 으쓱거리며 지우가 말했다. 하지만 누나는 달랐다. 유심히 바라보던 눈길을 거두며 누나가 외쳤다.

"할머니, 볼록 뱃살이 사라졌어요!"

"그러니?"

"뭐야, 그러고 보니 눈가 주름도 사라졌네?"

"새로 산 화장품이 효과가 있나 보다. 호호호."

"에이, 그건 아닌 것 같은데. 아하, 할머니 수술하셨죠?"

"어머나! 수술은 무슨."

그러면서 할머니는 도리질 쳤다. 누나는 웃음을 참으며 땅콩을 입에 털어 넣었다. 지우는 귀가 쫑긋 섰다. 주름을 없애는 수술이 있단 말이야? 알쏭달쏭한 얼굴로 바라보자, 누나가 슬그머니 입을 열었다.

"얼굴에 지방이 부족해서 생기는 게 주름이거든. 그 주름에 지방을 주사해서 넣으면 다시 쫙 펴지지."

"지방을 그렇게 쓴다고?"

지우가 놀라 되물었다. 누나는 고개를 끄덕이더니 말을 이었다.

"그뿐 아니야. 지방을 엉덩이에도 넣는대. 엉덩이가 볼록해야 예쁘다면서."

"으, 진짜? 그건 좀……."

지우가 부르르 떨자, 갑자기 할머니가 "으흠!" 헛기침을 하며 벌떡 일어섰다. 그러더니 허둥지둥 갈 준비를 했다.

"어? 할머니, 벌써 가시려고요?"

어안이 벙벙한 얼굴로 지우가 물었다. 할머니는 멋쩍은 미소를 지으며 말했다.

"으응. 갑자기 할 일이 떠오르지 뭐니."

"그게 뭔데요?"

누나가 물었다. 할머니는 못 들은 척 가방을 들고 문을 나섰다. "다음에 또 오마." 하는 작별 인사와 함께. 하지만 그때였다. 문이 열리더니 아빠가 들어섰다. 아무래도 할머니가 오셨다는 말에 회사 끝나자마자 달려오신 모양이었다.

"어머니?"

당황한 얼굴로 아빠가 할머니를 바라봤다. 할머니는 할머니대로 당황해서는 주춤 뒤로 물러섰다. 그러자, 주방에서 저녁을 준비하던 엄마가 빼꼼히 고개를 내밀었다.

"아니, 어머니! 어디 가세요?"

"급한 일이 생겨서 말이다."

어색하게 웃으며 할머니가 대답하셨다. 하지만 아빠의 얼굴이 일그러졌다. 할머니 앞으로 바짝 다가서며 외쳤다.

"얼굴이 이게 뭐예요?"

"내 얼굴이 뭐가 어때서 그러냐?"

할머니는 아빠의 눈빛을 피했다. 그러나 아빠는 순순히 할머니를 놔 주지 않았다. 기가 막힌다는 얼굴로 바라보다가 설마 하는 얼굴로 외쳤다.

"지난번에 주름이 어쩌고 엉덩이가 어쩌고 하더니, 진짜 수술하신 거예요?"

할머니의 얼굴이 활활 불타올랐다. 황당한 얼굴로 바라보는 지우와 눈이 마주친 할머니는 주먹을 불끈 쥐었다. 그러더니 아빠를 향해 온 힘을 다해 소리쳤다.

"그래. 했다, 했어! 하면 좀 안 되니? 앉기만 하면 꼬리뼈가 어찌나 배기는지 지방 좀 넣었다. 그 김에 주름 좀 폈고. 손자, 손녀 앞에서 망신을 주니 속이 시원하니?"

"제가 언제 망신을 줬다고 그러세요?"

아빠가 쩔쩔매며 말했다. 할머니는 눈시울을 붉히며 못 들

은 척했다. 그러자, 엄마가 다가서며 할머니를 안았다.

"어머니도 참. 아범이 여자 속을 몰라서 그래요. 자, 이리로 오세요. 차 한잔 하시면 좀 나으실 거예요."

굳은 듯 서 있는 아빠를 두고 엄마는 할머니를 끌고 주방으로 데려갔다. 얼떨결에 지우와 누나도 들어갔다.

넷이서 앉아 차를 마셨다. 보글보글 끓고 있는 된장찌개 냄새를 맡으며 마시는 차 맛은 참 묘했다. 분명 녹차인데 된장찌개 맛이 느껴졌다. 지우는 한 모금 물고는 뱉을까 말까 망설였다. 그 모습을 본 할머니는 작게 한숨을 쉬더니 말했다.

"지우가 날 닮은 게야. 수술 전에 검사를 받았더니 나쁜 콜레스테롤 수치가 높게 나왔더구나. 그동안 날씬하다고 안심했었는데 아니었던 거지."

지우는 꿀꺽 된장찌개 맛 녹차를 삼켰다. 그리고는 영문을 모르겠단 얼굴로 바라봤다. 그러자 누나가 놀리듯 말했다.

"너 지금 그럼 '나도 콜레스테롤 수치가 높은 건가?' 하고

생각했지?"

"흥. 콜레스테롤은 어른들만 걸리는 병인 거 나도 안다고!"

"땡이다! 콜레스테롤은 우리 몸에서 저절로 만들어지는 지방 중 하나야."

"콜레스테롤이 지방이라고!"

"그래. 그것도 우리 몸에 꼭 필요한 지방이지. 세포막도 만들고 비타민D를 흡수하게도 하고 담즙을 만들기도 하지."

줄줄 이어지는 누나의 설명에 지우는 소처럼 눈을 끔뻑거렸다. 갑자기 머릿속이 복잡해진 기분이 들었다.

'그럼 왜 다들 콜레스테롤 수치가 높네, 어쩌네 하면서 걱정

을 해 대는 거지? 뱃살이 두둑한 사람들은 그 이야기를 꼭 하던데.'

그러자 누나가 지우의 속을 들여다본 것처럼 피식 웃더니 말했다.

"지방은 참 억울할 거야. 콜레스테롤이 아니라 콜레스테롤을 태우고 다니는 단백질이 일으키는 문제를 자기한테 홀라당 뒤집어씌우니 말이야. 자세히 알지도 못하면서 흉이나 보는 사람들투성이니 얼마나 속상할까?"

지우는 입을 쭉 내밀었다. 한마디 쏘아붙이고 싶은데 할 말이 없었다. 이럴 줄 알았으면 좀 더 자세히 공부해 둘걸! 그러자 조용히 찻잔만 바라보던 할머니가 '풋' 하고 작게 웃음을 터트렸다.

"우리 지우나 이 할미나 똑같이 지방 때문에 고민이구나."

"다음에 혹시 지방 필요하시면 말씀하세요. 제 배에 정말 많거든요."

한숨을 쉬며 지우가 중얼거렸다. 할머니가 지우 머리를 마구 쓰다듬으며 말했다.

"그래, 그래. 우리 손주밖에 없구나. 고맙다, 고마워."

"근데 어머니, 수술받을 때 안 아프셨어요?"

엄마가 물었다.

"왜 안 아프겠니? 주사로 찔러 대는데 눈물이 찔끔 나더라."

그때 생각이 나는지 얼굴까지 찡그리며 할머니가 말했다. 그리고는 호호호, 웃으며 얼른 인상을 폈다.

"그 아픈 걸 또 하고 싶지 않으니 조심해야지."

바로 그 순간! 지우는 소리쳤다.

"그래. 바로 그거야!"

핏속에 기름이 둥둥? 중성 지방과 콜레스테롤

누나! 나 궁금한 게 생겼어. 콜레스테롤하고 중성 지방하고 다른 거야? 아빠도 그렇고 만날 콜레스테롤 수치가 어쩌고 중성 지방 수치가 어쩌고 그러시잖아. 둘 다 지방인데 왜 이름이 달라?

다른 지방이니까 그렇지. 콜레스테롤이 세포막을 만드는 데 쓰이는 지방이라면 중성 지방은 지방 세포에 저장되는 에너지용 지방이야. 탄수화물이나 단백질을 너무 많이 먹으면 지방으로 바뀐다고 했었지? 그 지방이 바로 중성 지방이야.

지방마다 하는 일이 다르구나. 그런데 둘 다 수치가 높으면 안 좋다던데, 그건 왜 그러는 거야?

우리 몸이 건강하면 간에서 혈관으로, 혈관에서 간으로 콜레스테롤이 단백질을 타고 흘러 다녀. 그러다가 혈관에서 간으로 가는 단백질에 문제가 생기면 어떻게 될까?

혈관으로 들어오는 콜레스테롤은 많은데 간으로 나가지는 못하니, 핏속에 점점 콜레스테롤이 많아지겠지.

그래, 맞아. 그거야! 그러니 핏속에 기름이 둥둥 떠다니게 되는 거지. 그렇게 되면 피가 제대로 흐르지 못해서, 몸에 병이 생길 수밖에 없지. 이건 어른들만 걱정할 문제가 아니야. 지우 너처럼 마른 비만인 아이들도 그러기가 쉽다고 하더라.

그럼, 중성 지방 수치는 뭐가 문제야?

중성 지방 수치가 높다는 것도 콜레스테롤 수치가 높은 것과 같은 의미야. 핏속에 기름이 둥둥 떠다닌다는 거지. 하지만 콜레스테롤 수치가 높다고 살이 찌는 것은 아니야. 그러나 중성 지방 수치가 높으면 살찌기 쉬워.

그러니까 콜레스테롤 수치가 높으면 병에 걸리기 쉬운 거고, 중성 지방 수치가 높으면 살이 찌기 쉬운 거네?

그렇지. 한번 만들어진 지방 세포는 없어지지 않고, 제 크기를 최대로 늘리고 싶어하거든. 수치가 높다는 건 저장할 지방이 많다는 거고, 뚱뚱해진다는 뜻이야. 그런데, 뚱뚱해지면 자연스럽게 콜레스테롤 수치도 올라가기 마련이야.

역시 지방은 끔찍해!

좋은 콜레스테롤을 도와라!

우리 몸에 꼭 필요한 영양소인 콜레스테롤! 콜레스테롤에도 좋은 콜레스테롤과 나쁜 콜레스테롤이 있대. 나쁜 콜레스테롤은 간에서 각 세포로 가는 콜레스테롤이야. 많아지면 혈관이 아파해. 좋은 콜레스테롤은 쓰고 남은 콜레스테롤을 간으로 다시 가져가는 콜레스테롤이야. 혈관이 아파하기 전에 청소를 하는 녀석이지. 자, 그럼 콜레스테롤에 대해 공부를 해 보자.

Q1. 콜레스테롤이 많이 들어간 음식은 뭐가 있을까?

답: 달걀노른자, 오징어, 멸치, 새우, 생선 알

Q2. 나쁜 콜레스테롤 수치를 높이는 음식은 뭐가 있을까?

답: 삼겹살, 소시지, 베이컨, 돼지기름, 팜유, 버터, 생크림, 치즈

Q3. 콜레스테롤이 적게 들어간 음식은 뭐가 있을까?

답: 현미, 감자, 고구마, 채소, 과일, 해조류

Q4. 나쁜 콜레스테롤 수치를 낮추는 음식은 뭐가 있을까?

답: 올리브유, 카놀라유, 채소, 해조류, 견과류

Q5. 좋은 콜레스테롤을 돕는 음식은 뭐가 있을까?

답: 바지락, 굴비, 달걀흰자, 아보카도, 무화과, 말린 자두

좋은 지방? 나쁜 지방?

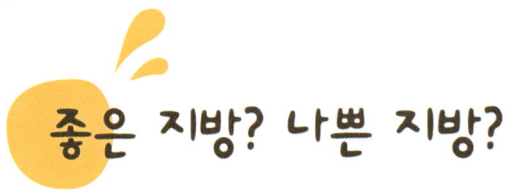

내 몸의 지방을 내가 원하는 곳으로 옮겨 주는 〈탱탱 홀쭉 파스〉

학교 가는 길, 지우는 날아갈 것 같은 기분에 너무 행복했다. 제목을 음미하면 음미할수록 1등은 바로 내 거야! 하는 자신감이 부풀어 올랐다.

그렇게 신이 나서 학교 현관에 들어서는데, 저만치 5반 이준서가 서 있는 게 보였다. 이준서는 친구인 듯 보이는 아이와 함께 신발장 앞에 서 있었다. 인사를 할까 다가서던 지우는 발걸음을 멈췄다. 둘이 이야기하는 소리 때문이었다.

"파스형 로봇이라니 그게 뭐하는 건데?"

준서의 친구가 말했다.

"붙이기만 하면 자동으로 그 아픈 부위를 진단하고 치료하는 거야. 파스처럼 보이지만 사실은 로봇인 거지."

준서가 대답했다.

"우아, 굉장하다!"

준서의 친구가 소리쳤다.

"그렇지? 1등 할 것 같은 예감이 들어."

준서가 말했다. 그리고 둘은 사이좋게 계단으로 향했다. 숨어서 그 이야기를 들은 지우는 심장이 무너질 것 같은 기분에 빠져 있었다.

'나랑 아이디어가 똑같잖아!'

게다가 '파스형 지방'보다는 '파스형 로봇'이 더 멋지게 들렸다. 그러니 이대로 냈다가는 보나 마나 질 것이다. 갑자기 눈앞에 이준서가 게임기를 받아 들고 좋아하는 얼굴이 떠올랐다. 지우는 입술을 꼭 깨물며 신발장에 기대섰다.

"어휴, 어쩌지?"

하지만 아무런 생각도 떠오르지 않았다. 지우는 한숨을 푹 내쉬며 가방을 들쳐 멨다. 그러고는 터덜터덜 교실로 향했다.

그날, 수업 시간 내내 지우는 어떻게든 근사한 아이디어를 짜내려고 애썼다. 하지만 아무리 머리를 굴려보아도 파스형 로봇보다 멋진 건 없을 것 같았다. '지방'이 감히 '로봇'을 이길 리 없었다. 이 세상에 로봇을 주제로 한 만화나 영화는 수두룩하지만, 지방을 주제로 한 건 단 하나도 없는 것처럼. 물론 있을 수도 있겠지만 지우는 본 적이 없었다.

'끝장이야!'

샤프로 공책을 콱 찍으며 지우는 소리 없이 절규했다. 집에 와서도 머릿속이 텅 빈 것처럼 아무 생각도 떠오르지 않았다. 책상 앞에서 마구 몸부림치던 지우는 결국 벌떡 일어섰다. 아무래도 뭐라도 먹어야 할 것 같았다. 뭔가 달콤하고 고소한 것이 먹고 싶었다. 그렇게 생각하며 지우는 냉장고 앞으로 달려갔다.

"초콜릿을 먹어야 해. 초콜릿. 뇌가 팽팽 돌아가는 데는 초콜릿이 최고지."

냉장고 안을 뒤적이며 지우는 중얼거렸다. 그러고 있는데 주방 안으로 누나가 들어섰다. 요즘 날씨가 좋다고 학교에서 집까지 걸어 다닌다더니 얼굴이 까맣게 탔다. 하지만 표정은 정말 밝았다. 그걸 보니, 지우는 부아가 났다. 전전긍긍 만날 발명한답시고 책상 앞에만 앉아 있는 사이, 뱃살이 더 늘어만 가고 있으니 더 그랬다.

"남지우. 너 얼굴에 누가 쭉쭉 낙서해 놨는데?"

피식 웃으며 누나가 물었다. 낙서란 말에 지우는 당황해 얼굴을 매만졌다. 하지만 아무것도 느껴지지 않았다. 그러자 누나가 '걸렸구나!' 하는 눈빛으로 외쳤다.

"아이고, 낙서가 아니라 주름이었구나. 하도 얼굴을 찡그려서 낙서라도 한 줄 알았네."

"썰렁하거든!"

그렇게 외치며 지우는 냉장고 문을 닫았다. 그러고는 꺼내 든 초콜릿을 입에 와락 물었다. 그 모습을 본 누나가 눈살을 찌푸렸다.

"그거 먹을 거면 차라리 호두나 땅콩을 먹어."

"싫어. 난 지금 머리가 팽팽 돌아갈 뭔가가 필요하다고."

"그럼 들기름이라도 먹든가!"

"무슨 소리야! 지방 때문에 고민하는 사람한테 기름을 먹으라니!"

"들기름에 오메가-3가 얼마나 풍부한데, 그런 소릴 해?"

"오메가 뭐?"

"맙소사! 남지우. 지방에 대해 공부를 한다면서 오메가-3도 모르는 거야? 방송에 자주 나오잖아. 오메가-3가 두뇌 활동에 얼마나 좋은지. 특히나 너처럼 자라는 아이의 뇌세포를 활발하게 움직이게 하는 걸로 유명하다고."

"치, 그래도 난 기름은 사양이야."

"너 설마 그래서 요즘 깍두기에 김치만 먹는 거야?"

"그럼 어떡해! 엄마가 온갖 반찬에 들기름을 뿌려 대는데!"

눈을 내리깔며 지우는 중얼거렸다. 누나는 못 말린다는 얼굴로 말했다.

"좋은 지방을 충분히 먹어야만 '아, 배부르다. 더 이상 안 먹어도 되겠어. 많이 먹었으니 신진대사를 높여서 얼른 써 버려야겠군.' 하는 반응이 온대. 그런 식으로 먹으면 살만 더 쪄."

"그래! 나 뚱보다!"

누나를 와락 밀치며 지우는 소리쳤다. 그러고는 쿵쿵대며 주방을 나섰다. 방문이 부서지라 닫고, 지우는 손에 든 초콜릿을 바라봤다. 심통이 난 지우는 초콜릿을 입에 다 쑤셔 넣었다. 우걱우걱 씹고 있는데 발걸음 소리가 들려왔다. 방문 앞에 멈춰 선 누나가 말했다.

"야! 남지우. 너 고작 이런 걸로 이렇게 짜증 내는 거야?"

하지만 지우는 대답하지 않았다. 대신 문을 잠가 버렸다. 딸칵, 문 잠그는 소리가 크게 들리도록 힘을 줘서 잠갔다. 누나는 한숨을 푹 내쉬더니 말했다.

"좋아. 네가 알아내기를 바랐는데 말해 줄게. 몸짱이 되는 비법 말이야."

"됐거든! 내버려 둬."

문에 기대서서 지우는 소리쳤다. 하지만 누나는 못 들은 척 말을 이었다.

"잘 들어. 지방에는 말이지. 좋은 놈이 있고 나쁜 놈이 있어. 그걸 구분하지 않고 둘 다 안 먹으면 몸은 비상 상태에 빠져. 너 요즘 기운은 없는데 뱃살은 더 나오는 것 같다는 느낌이 들지? 요요가 오는 거야. 그럼 어떻게 해야 할까? 좋은 놈만 먹는 거지. 그러면 몸은 건강해지고 살도 더 잘 빠지게 돼."

"좋은 놈만 먹는다고?"

지우는 작게 중얼거렸다. 그러면서 눈을 반짝반짝 빛냈다. 갑자기 머릿속이 팽팽 돌아가는 기분이 들었다. 기름이라도

친 것처럼 아주 맹렬하게. 분했지만 어쨌거나 짜증만 내고 있을 때가 아니었다. 지우는 벌컥 문을 열었다.

"누나! 그거 말로 하지 말고 좀 적어 줘."

"뭐?"

"자, 여기 펜이랑 종이. 다 적어. 좋은 지방, 나쁜 지방이 들어간 음식들을 다 적으라고!"

책상으로 뛰어가 펜과 종이를 집어 들어 건네며 지우가 소리쳤다. 누나는 어안이 벙벙한 얼굴로 받아들였다. 그리고 뭔가 말할 듯 입을 우물거렸다.

하지만 지우는 바빴다. 누나를 그대로 둔 채, 바쁘게 책상 앞에 앉았다. 그리고는 마치 지금 이 순간 진짜로 발명을 하는 기분으로 새로운 발명품에 대해 적었다.

거기까지 적고 고개를 갸웃대던 지우의 눈

먹어도 될까? 말까? 망설여진다면 붙여만 주세요!

에 스티커 북이 들어왔다. 그걸 보니, 항상 쓸 수 있게 어떤 형태로 만들어야 할지 알 것 같았다. 지우는 공책에 '지방 스티커'라고 적어 넣었다. 그리고 자신이 적은 글을 입으로 소리 내어 읽어 보았다. 파스형 로봇보다 훨씬 멋지고 실용적으로 느껴졌다. 진짜로 만들 수도 있을 것만 같았다.

"좋아. 이걸로 가자!"

그렇게 외치고, 지우는 히죽 웃었다.

몸에 좋은 지방과 나쁜 지방, 정체를 밝혀라!

지방이라고 다 같은 지방이 아니야. 삼겹살, 호두, 들기름에 들어 있는 지방은 각각 이름이 달라.

포화 지방

언제나 꼿꼿한 모습이지.

삼겹살을 비롯해 고기에 박혀 있는 하얀색 덩어리가 바로 포화 지방이야. 라면에 들어가는 기름도 포화 지방이지. 하지만 삼겹살에 든 포화 지방과 라면에 든 포화 지방은 그 질이 달라. 삼겹살에 든 건 자연에서 온 거고, 라면에 든 건 가공한 포화 지방이거든.
자연적인 포화 지방은 우리 몸에 좋은 역할을 해. 체온을 유지하게 돕고 장 속 점막을 튼튼하게 만들거든. 그러니 적절하게 먹는 것이 좋아. 하지만, 가공한 포화 지방은 되도록 적게 먹는 게 좋아. 피를 기름지게 해서, 잘 흐르지 못하게 하거든.

불포화 지방

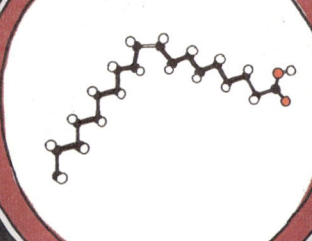

중간 마디가 꺾여 있기 때문에 아주 쉽게 부러지지. 그러면 상하는 거야.

호두와 연어 그리고 올리브유에 들어 있는 지방은 불포화 지방이야. 불포화 지방은 우리 몸을 아주 건강하게 만들지. 생긴 모양에 따라 여러 가지 이름이 있는데, 모두 다 우리 몸에 꼭 필요한 세포막을 만들고 비타민을 흡수하게 도와줘.
또한 액체이기 때문에 먹어도 핏속에 고이거나 엉어리지는 일은 거의 없어. 그렇다고 너무 많이 먹으면 중성 지방으로 저장되니까, 적당량만 먹어야 해.

불포화 지방 (오메가-3)

다들 '오메가-3'라고 불러. 올리브유의 불포화 지방과는 달리 마디가 세 번 꺾여 있어서 붙여진 이름이지.

오메가-3는 '몸을 행복하게 만드는 지방'이란 별명이 따로 있을 정도야. 고등어 같은 등 푸른 생선과 들기름에 많이 들어 있지.

오메가-3는 피에 떠다니는 기름이나 불순물을 청소하는 힘이 있어. 또 뇌세포 막을 만드는 데 꼭 필요한 지방이기도 하지. 그러니 머리가 좋아지려면, 자주 먹어야 하는 지방이야.

트랜스 지방

트랜스 지방은 상하기 쉬운 불포화 지방을 포화 지방처럼 단단하게 만들어 놓은 거야. 그래서 가짜 지방이라고도 부른단다.

액체인 식물성 지방을 고체로 만든 것이 마가린이야. 옛날에는 동물성 지방인 버터에 비해 식물성이니 다들 몸에 좋은 줄 알았대. 하지만 마가린은 우리 몸에 들어와 나쁜 콜레스테롤 수치를 높게 만들어.

이처럼 인공적으로 만들어진 트랜스 지방이 든 식품으로는 마가린, 쇼트닝, 식물성 유지가 있어. 이 세 가지는 과자, 케이크, 아이스크림을 만드는 데 쓰이니, 트랜스 지방이 든 음식은 적게 먹는 게 좋아.

지방아, 고마워

'먹을까? 말까?'

과자 봉지를 눈앞에 두고 지우는 벌써 20분째 고민에 빠져 있다. 누나가 말해 준 대로 한 번에 다 먹지 않고 봉지 뒤에 적힌 권장량대로 먹으려고 했더니 도무지 쉽지가 않았다. 몇 번 집어 먹었더니 벌써 반이 휙 사라지고 난 뒤다.

'이럴 거면 과자를 왜 먹어?'

이런 말이 뱃속에서 아우성쳤다.

'에잇, 먹어 버려?'

손을 뻗다가, 지우는 제 배를 바라보고는 손을 거뒀다. 어휴,

또 한숨을 쉬고 지우는 팔짱을 꼈다. 그리고 권장량 표를 노려봤다.

'진짜로 살을 찌우는 포화 지방이 저만큼 들어 있을까? 저걸 먹는다고 몽땅 다 내 뱃살이 될까? 어쩌면 아닐지도 몰라. 그래, 설마 그러겠어?'

속으로 마음을 정한 지우는 과자 봉지를 집어 들었다. 오, 오, 보기만 해도 먹음직스러워 보이는 과자들이 '어서 먹어 주세요!'라는 듯 빛깔을 내뿜었다. 지우는 손을 넣고 한 움큼 집

어 들었다. 헤벌쭉 웃으면서 과자를 입에 집어넣으려는 순간, 누나가 뛰어들어 오더니 외쳤다.

"안 돼!"

"엉?"

깜짝 놀라 지우는 멍하니 누나를 바라봤다. 그러자 누나는 다가와 지우 손에 들린 과자 봉지를 휙 빼앗아 들었다.

"돌려줘!"

왈칵 성을 내며 지우가 말했다. 누나는 과자 봉지 입구를 둘둘 말며 말했다.

"아까 너 영화관에서 팝콘 먹었잖아. 절대 안 돼."

"팝콘이 뭐가 문제라고 그래? 그건 그냥 옥수수를 튀긴 거라고!"

"트랜스 지방은 어쩔 건데?"

"말도 안 돼. 팝콘에 무슨 지방이야? 그리고 그 과자는 트랜스 지방 제로라고! 봉지에 대문짝만하게 적혀 있잖아."

"그래, 그래. 지우 너라면 그렇게 말할 줄 알았어. 트랜스 지방 제로란 건 0.2g 미만이 들어 있다는 거지, 아예 없단 게 아니야. 이 과자 권장량이 1/3 봉지지? 1/3 봉지당 0.2g이 들어 있다고 치면 한 봉지에는 얼마나 들어 있을 것 같아?"

"음······. 0.6g?"

"딩동댕. 그러니까 오늘은 그만 먹어."

"말도 안 돼! 고작 그 정도를 가지고 나더러 그 맛있는 걸 먹지 말라고 하다니. 과자 생각이 나서 잠도 못 잘 거라고!"

"고작 그 정도? 맙소사. 남지우, 넌 지방으로 발명한다 어쩐다 했으면서, 트랜스 지방에 대해서 모르는 거야?"

"알아, 안다고! 몸에 안 좋다는 거. 그래서 뭐? 요즘에는 트랜스 지방 제로가 유행이잖아."

"아이고, 여기 또 쓰인 그대로 믿는 착한 아이가 있네."

"지금 비꼬는 거야?"

"그래. 비꼬는 거다!"

성이 나 소리치는 지우에게 지지 않고 누나도 맞섰다. 지우는 의자에서 일어섰다. 쾅, 의자가 뒤로 넘어졌다.

"못됐어. 누난 악마야!"

지우는 누나를 와락 밀치며 과자 봉지를 빼앗으려 들었다. 하지만 그 순간, 믿을 수 없는 일이 벌어졌다. 누나의 팔이 아주 길게 늘어났다. 과자 봉지를 든 손은 저만치 허공에서 너풀거렸다.

"누나?"

너무 놀라 지우는 털썩 엉덩방아를 찧었다. 누나의 얼굴도 변했다. 눈은 활활 불타오르고 머리에는 뿔까지 났다. 게다가 입은 보기 흉하게 일그러져 있었다. 그런 얼굴을 하고 누나는 조용히 말했다.

"난 악마가 아니라 천사야."

"으아아아악!"

지우는 고함을 지르며 눈을 번쩍 떴다.

"뭐야? 꿈이잖아."

이마에 흐르는 식은땀을 닦으며, 지우는 중얼거렸다. 그러고 보니, 어제저녁 내내 고민에 빠지게 했던 과자 봉지가 책상 위에 놓여 있었다. 봉지에 '트랜스 지방 제로'라고 커다랗게 쓰여 있기에 무심코 누나에게 물어본 것이 실수였다.

"트랜스 지방이 몸에 나쁘다 그러던데, 그게 포화 지방보다 더 나빠?"

지우가 묻자마자, 누나는 기가 막히다는 얼굴로 말했다.

"맙소사! 남지우. 트랜스 지방을 보이지 않는 악마라고 하잖아. 과자, 케이크, 감자튀김에 들어 있는데, 먹고 나면 몸을 엉망진창으로 만들거든. 유럽에서는 살이 찌는 가장 큰 원인이 트랜스 지방에 있다며, 아예 금지한 나라까지 있다더라. 트랜스 지방이 들어간 음식을 만들면 벌금을 내야 한대."

"굉장하네."

"널 위해 준비했어. 네 발명에 조금이라도 도움이 되라고 말이야. 읽으면 오금이 저릴거야."

그러고는 씩 웃는데, 그 웃음이 어째 심상치가 않았다. 왠지 소름이 돋았다. 대체 무슨 이야기가 적혀 있길래 저러는 거지? 입맛이 뚝 떨어져, 지우는 과자 봉지와 프린트물을 노려보다가 잠이 들었다. 그래서 이런 꿈을 꾼 걸까? 지우는 어깨를 으쓱거리고는 학교 갈 준비를 서둘렀다.

교실에 들어서니 아이들이 술렁거리고 있었다. 〈상상 발명 대회〉 결과를 알려 주는 날이라 그런가 했더니, 반장이 다가와 설명해 주었다.

"오늘 아침에 강당에 다 모여서 〈상상 발명 대회〉 투표를 한대. 그 전에 간단하게 발명품에 대해 설명하래."

"뭐라고? 발표를 해야 한다고?"

지우는 눈을 부릅떴다. 몸이 조금씩 달달 떨려 왔다. 당황스럽기 그지없었다. 그렇지 않아도 지우는 교실에서도 발표할 때마다 말을 더듬기 일쑤였다. 그런데 전교생이 모인 자리에서 발표하라고? 지우는 비틀거리며 자리로 걸어갔다. 풀썩, 의자에 앉아 두 손으로 머리를 감쌌다.

'도망갈까? 아프다고 말하고 조퇴해 버릴까? 이상한 꿈을 꿀 때부터 알아봤어야 했는데.'

"남지우. 네 발명품 멋지더라. 지방 스티커."

끙끙 앓고 있는 지우 앞 빈자리에 앉으며 반장이 말했다. 지우는 조금 놀라 반장을 바라봤다.

"대체 그걸 어떻게 알았어?"

그러자 반장이 어색하게 웃더니 말을 이었다.

"이따가 강당에서 발표할 때 질문 시간이 있대. 선생님이 어려운 질문만 나오면 좀 그러니까, 너 좀 도와주라고 살짝 알려 주셨어. 그래서 말인데,

미리 궁금한 걸 좀 물어볼게. 지방 스티커를 팝콘에 붙이면 어떻게 나와?"

"당연히 '삐! 나쁜 지방. 먹으면 절대 안 됩니다.' 하고 나오겠지."

"하지만 팝콘은 그냥 옥수수를 튀긴 거잖아."

"그렇긴 하지. 네 말은, 팝콘을 만드는 옥수수가 문제가 아니란 거지? 맞아. 팝콘을 튀길 때 쓰는 마가린이 문제지. 그러니 마가린 같은 트랜스 지방이 든 음식이 문제인 거지."

"하지만 요즘은 트랜스 지방 제로가 유행이잖아."

반장의 말을 듣던 지우는 불쑥 떠오른 생각에 입을 꾹 다물었다. 꿈에서 누나가 하던 말을 지우가

하고 있었다. 꿈에서 누나에게 들은 대답이 아직 머릿속에 생생했다. 지우는 마른 침을 꼴깍 삼키며 반장에게 말했다.

"하지만 그건 거짓말이야. 마가린이나, 쇼트닝, 팜유를 쓰는 한은 트랜스 지방이 아주 안 들어갈 수 없어."

"그렇구나!"

손뼉을 치며 반장이 외쳤다. 그러더니 문득 생각난 듯 지우에게 물었다.

"근데 트랜스 지방은 사람이 만든 가짜 지방이잖아. 그럼 지방이야? 아니야?"

바로 그때, 종이 울렸다. 스피커에서 강당으로 모이라는 말이 흘러나왔다. 반장은 아이들을 향해 가자고 외치며 일어섰다. 지우는 반장에게 들은 말 때문에 부들부들 떨고 있었다.

'가짜 지방이라고? 그렇다면 내 스티커는?'

아이들이 다 가 버리고 난 교실, 지우는 트랜스 지방에 대해 누나에게 받은 프린트물을 집어 들었다. 어젯밤 잠들어 버린 탓에 읽지 못한 자료였다. 그리고 잠시 후, 지우는 축 처진 어

깨를 하고는 강당으로 향했다.

수백 명이 빼곡히 들어찬 강당, 후들후들 떨리는 다리로 지우는 연단 위에 있는 탁자로 다가갔다. 탁자 위에는 마이크가 있었는데, 교장 선생님은 지우의 키에 맞게 마이크를 만져 줬다. 입가에 마이크가 다가오자, 마치 망치로 두들겨 맞는 기분이 들었다. 연단 아래 아이들 얼굴이 마치 안개에 휩싸인 것처럼 뿌옇게 보였다. 얼른 하고 잽싸게 도망치는 게 최선일 것 같았다. 지우는 뚫어지라 탁자를 내려다보며 웅얼거렸다.

"제 발명품은 좋은 지방만 골라서 먹게 해 주는 지방 스티커입니다."

그러자마자, 기다렸다는 듯이 한 아이가 질문을 했다.

"케이크에 지방 스티커를 붙이면 어떻게 되나요?"

지우는 작게 한숨을 내쉬었다. 앞서 발표한 다른 아이들처럼 자신도 대충 둘러대며 대답하고 싶었다. 하지만 사실을 알게 되었으니 모른 척할 수 없었다.

'그래, 용기를 내자!'

지우는 주먹을 꽉 쥐고 천천히 입을 열었다.

"케이크에 지방 스티커를 붙이면 빨간 불이 들어올 거예요. 과자, 팝콘, 치킨, 햄버거에 붙인 스티커도 다 빨간색일 겁니다. 소고기, 닭고기, 버터에 붙인 스티커도 다 빨간색일 거예요. 충격받으셨나요? 네. 저도 충격받았습니다. 왜냐하면 방금 질문한 친구와 같은 질문을 해 준 친구 덕분에 제 발명이 잘못되었다는 걸 알게 되었거든요."

그러자마자 웅성웅성 아이들이 소란스러워졌다. 저만치 뒤에 서 있던 교장 선생님도 조금 놀란 듯 지우를 바라봤다. 지우는 숨을 크게 쉬고, 말을 이었다.

"전 마른 비만이랍니다. 많이 먹지도 않는데 마른 비만이라니, 처음에는 정말 억울했어요. 그래서 지방이 들어간 것은 아예 안 먹기도 해 보고, 운동도 해 봤어요. 그러다 알게 되었습니다. 지방이 단순히 없어져야 할 불필요한 것이 아니라, 우리 몸에 꼭 필요한 영양소라는 것을요. 기계에 기름칠을 잘해 줘야 기계가 잘 돌아가듯이, 우리 몸도 지방을 통해 적당히 기름칠해 주지 않으면 삐거덕댄다는 것을요.

그래서 이번에는 신경 써서 적당량의 지방을 먹으려고 했지요. 그런데 그게 쉽지 않더라고요. 어떤 걸 많이 먹고, 어떤 걸 조금 먹어야 하는지 알아내기가 어려웠어요. 그래서 상상한 것이 지방 스티커였습니다. 이 스티커에는 포화 지방이 많이 들어 있는 음식을 가려 내는 능력이 있습니다.

그런데, 아까의 질문으로 깨달았습니다. 아예 먹으면 안 되는 지방이 있다는 것을요. 그러므로 제가 발명한 스티커는 쓸모가 없습니다. 제 스티커는 너무 많이 먹으면 안 되는 포화

지방과 가짜 지방인 트랜스 지방을 구별하지 못하니까요. 이상입니다."

그렇게 말하고 지우는 고개를 꾸벅 숙였다. 마이크에서 물러서 지우는 자리로 돌아갔다. 속이 시원했다. 이제 더 이상 애꿎은 지방을 욕할 필요가 없어졌단 생각이 드니, 어깨가 가벼워졌다. 그래서 느긋하게 지우는 나머지 발표자들의 이야기를 들을 수 있었다. 그중 단연 귀에 들어온 건 파스형 로봇이었다. 예상대로 굉장했다. 지우는 이준서에게 한 표 던져야겠다고 마음먹으며 열심히 박수를 쳐 줬다.

발표회가 모두 끝나고 그 자리에서 바로 투표가 진행됐다. 덕분에 학교 전체가 다 같이 1교시를 땡땡이쳤다. 개표가 진행되는 동안, 선생님들이 간식을 나눠 줬다. 다들 소풍이라도 온 것처럼 들떠서 누가 1등이 될까 수다를 떨었다.

개표는 금세 끝났다. 지우는 여유로운 얼굴로 발표되는 결과를 들었다. 역시나 1등은 이준서의 파스형 로봇이었다. 이준서네 반은 마지막 개표까지 보고 난 뒤 함성을 질렀다. 축구에서 멋지게 한 방 터트린 선수처럼 이준서는 반 아이들의 축하 세례를 받았다. 그러고는 연단 위로 뛰어 올라갔다. 지우는 열심히 박수를 치고 열심히 웃어 줬다.

드디어 시상식이 시작됐다. 1등 상으로 꺼내 든 물건은 역시나 게임기였다. 포장이 되어 있었지만, 보자마자 알았다. 아이들 모두 알아차렸는지, 부러움 섞인 탄성이 흘러나왔다. 이준서는 선물을 받아 그 자리에서 포장지를 뜯었다. 그리고 그걸 들어 모두에게 보였다. 아이들이 모두 "우아, 좋겠다!" 하는 환호성을 질렀다.

"우리 손주뿐 아니라, 다들 이 게임기 이야기뿐이더군요. 게임은 시간을 정해 놓고 해야 하는 거, 준서 군이 잘 알리라고 믿습니다."

교장 선생님이 말했다. 준서는 배시시 웃으며 고개를 끄덕였다. 그 모습을 보니, 지우는 살살 배가 아팠다. 어찌나 부러운지 고개를 푹 숙이고 바닥만 바라보았다. 그런데 옆에 앉은 아이가 지우를 툭 쳤다.

"야, 남지우! 너 부르잖아."

"뭐?"

깜짝 놀라 앞을 본 지우는 교장 선생님이 바라보고 있는 것을 알았다. 얼떨떨해하며 지우는 연단으로 올라갔다. 그러자 교장 선생님이 마이크에 대고 말했다.

"왜 발명이 실패했다고 고백한 남지우 군을 불렀는지 다들 궁금하지요?"

아이들이 "네!" 하고 기운차게 대답했다. 교장 선생님은 빙그레 웃고는 말을 이었다.

"선생님이 보기에는 남지우 군의 발명이 성공했다고 생각하기 때문이에요. 요즘 우리 은빛 초등학교 학생들 사이에도 다이어트가 유행이지요. 다들 날씬하고 예뻐지기를 원하면서, 건강을 챙기지 않아요. 지금 지나치게 살을 빼면 키가 자라지 않는다, 몸이 제대로 성장하지 못한다 말해 봤자, 다들 들은 척도 하지 않더군요. 그런데 오늘 어떤가요? 여러분은 남지우

군의 고백을 들으면서 생각이 달라지지 않았나요?"

귀 기울여 듣던 아이들의 눈빛이 반짝거렸다. 수줍게 고개를 끄덕거리거나 흐음, 자신을 되돌아보는 아이들도 있었다. 지우는 다이어트가 이렇게 유행이었나 싶어 눈이 동그래졌다. 흐뭇하게 그런 아이들을 바라본 교장 선생님이 옆에 서 있던 선생님에게 손짓했다. 그러자 선생님은 커튼 뒤에서 상자를 꺼내 들었다. 그걸 본 순간 지우는 하마터면 "야호!" 하고 소리칠 뻔했다. 포장도 되어 있지 않은 그것은, 지우가 그토록 바라던 게임기였다!

"남지우 군, 지방에 대한 연구가 아주 훌륭했어요. 상상 발명이 이렇게 단박에 효과를 불러오다니 선생님은 감격했답니다. 이건 내가 특별히 주는 공로상이에요."

그러면서 교장 선생님은 게임기를 지우에게 내밀었다. 그걸 받아든 지우는 입술을 꼭 깨물며 꾸벅 인사했다. 그러면서 속으로 외쳤다.

'지방아! 정말 고마워!'

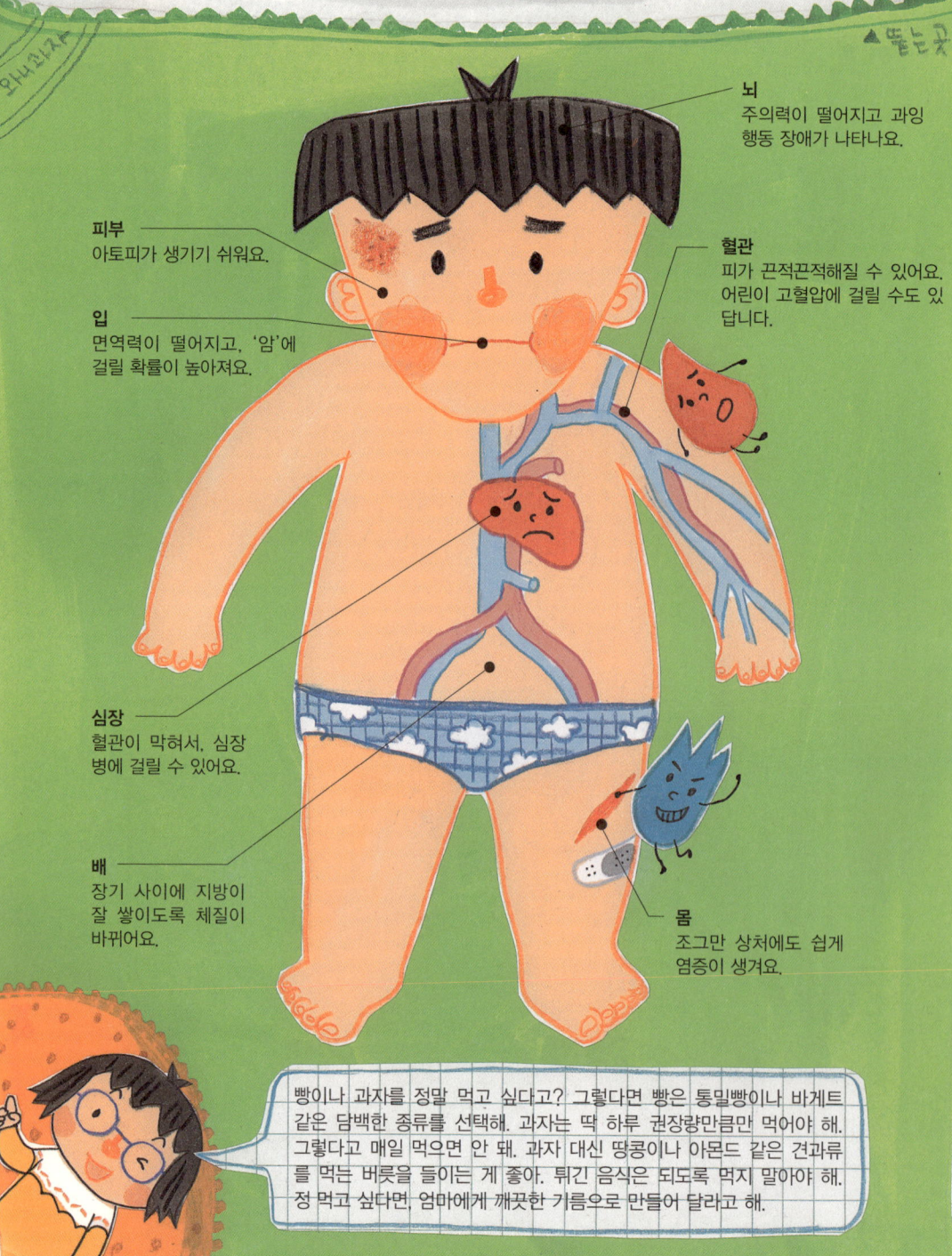

지방계의 사기꾼! 트랜스 지방을 피해 탈출하라

트랜스 지방을 하루 2.0g 이상 먹으면 위험해. 이렇게 자주 먹으면, 병에 걸리거나 비만이 되기 쉬워.
빨간 원은 매일 먹어선 절대 안 되는 음식들이야. 노란 원은 자주 먹어선 안 되는 음식들이지. 초록 원에 든 음식은 트랜스 지방의 독을 풀어 주는 해독제래.

트랜스 지방은 하루에 2.0g 이상 먹으면 절대 안 된대! 초콜릿으로 만든 파이 뒤에 표시된 '트랜스 지방 0g'이란 표시는 트랜스 지방이 0.2g 미만이라는 거래. 그러니 조금은 들어 있을 수 있다는 것이므로 주의해야 해.

국립중앙도서관 출판예정도서목록(CIP)

착한 지방은 억울해 / 글: 백은영 ; 그림: 이주희. ― 고양 : 위즈
덤하우스, 2013
 p. ; cm. ― (비호감이 호감 되는 생활과학 ; 06)

ISBN 978-89-6247-408-4 74400 : ₩9800
ISBN 978-89-6247-344-5(세트) 74400

지방(기름)[脂肪]

594-KDC5   CIP2013026617

비호감이 호감 되는 생활과학 06

착한 지방은 억울해

초판 1쇄 발행 2013년 12월 20일   초판 2쇄 발행 2015년 3월 5일

글 백은영   그림 이주희   펴낸이 연준혁   스콜라 부문대표 황현숙

출판 5분사 분사장 배재성   편집장 윤지현
책임편집 김숙영   제작 이재승

펴낸곳 (주)위즈덤하우스   출판등록 2000년 5월 23일 제13-1071호
주소 경기도 고양시 일산동구 정발산로 43-20 센트럴프라자 6층
전화 (031)936-4000   팩스 (031)903-3891   전자우편 scola@wisdomhouse.co.kr
홈페이지 www.wisdomhouse.co.kr   스콜라 카페 http://cafe.naver.com/scola1
종이 월드페이퍼   인쇄·제본 (주)현문

ⓒ 백은영, 2013
ISBN 978-89-6247-408-4 74400
ISBN 978-89-6247-344-5(세트)

이 책은 저작권법에 따라 보호받는 저작물이므로 무단전재와 무단복제를 금지하며,
이 책 내용의 전부 또는 일부를 이용하려면 반드시 저작권자와 (주)위즈덤하우스의 동의를 받아야 합니다.
＊잘못된 책은 바꿔 드립니다.   ＊책값은 뒤표지에 있습니다.

스콜라는 (주)위즈덤하우스의 아동·청소년 브랜드입니다.